AF267754

NOTICE

SUR

LES DIVERS GENRES D'ÉCRITURE

ANCIENNE ET MODERNE

DES ARABES, DES PERSANS ET DES TURCS,

PAR A. P. PIHAN,

PROTE DE LA TYPOGRAPHIE ORIENTALE À L'IMPRIMERIE IMPÉRIALE.

PARIS.

IMPRIMÉ PAR AUTORISATION DE L'EMPEREUR

A L'IMPRIMERIE IMPÉRIALE.

—

M DCCC LVI.

NOTICE

SUR

LES DIVERS GENRES D'ÉCRITURE

ANCIENNE ET MODERNE

DES ARABES, DES PERSANS ET DES TURCS.

DU MÊME AUTEUR :

GLOSSAIRE DES MOTS FRANÇAIS TIRÉS DE L'ARABE, DU PERSAN ET DU TURC.
Ouvrage honoré de la souscription du Ministère de l'Instruction publique.
Un volume in-8°. — Paris, 1847.

ÉLÉMENTS DE LA LANGUE ALGÉRIENNE, OU PRINCIPES DE L'ARABE VULGAIRE
USITÉ DANS LES DIVERSES CONTRÉES DE L'ALGÉRIE.
Imprimé par autorisation du Gouvernement à l'Imprimerie Nationale.
Un volume in-8°. — 1851.

Pour paraître prochainement :

CHOIX DE FABLES ET HISTORIETTES TRADUITES DE L'ARABE. — Un vol. in-8°.

A PARIS,

LIBRAIRIE DE BENJAMIN DUPRAT.

RUE DU CLOÎTRE SAINT-BENOÎT. N° 7.

table que peut présenter telle ou telle lettre dans les manuscrits. En effet, les étroites limites que l'on est forcé d'observer pour la combinaison des lettres orientales avec les caractères romains ne permettent pas toujours de donner à plusieurs d'entre elles la grâce et le développement qu'elles reçoivent sous le calame du calligraphe; et cet agencement n'aurait produit qu'un aspect trop uniforme et trop systématique. Comme il s'agit spécialement ici de l'écriture, nous avons cru devoir nous tenir le plus près possible de la réalité.

NOTICE

LES DIVERS GENRES D'ÉCRITURE

ANCIENNE ET MODERNE

DES ARABES, DES PERSANS ET DES TURCS,

PAR A. P. PIHAN,

PROTE DE LA TYPOGRAPHIE ORIENTALE À L'IMPRIMERIE IMPÉRIALE.

PARIS.

IMPRIMÉ PAR AUTORISATION DE L'EMPEREUR

A L'IMPRIMERIE IMPÉRIALE.

M DCCC LVI.

AVERTISSEMENT.

Malgré tous les secours que l'on trouve dans les livres imprimés en vue de faciliter la lecture des trois principales langues de l'Orient, il s'en faut de beaucoup que l'état ordinaire des manuscrits arabes, persans et turcs, permette à l'étudiant de les déchiffrer exactement au premier coup d'œil. Cela ne dépend pas toujours, il est vrai, de l'inhabileté des copistes, mais bien de l'habitude qu'ils ont de laisser très-peu d'intervalle entre les mots, de raccourcir ou de prolonger à leur gré certaines lettres, et souvent de grouper les diverses syllabes d'un même mot les unes au-dessus des autres, surtout dans les titres d'ouvrages. On est assurément très-étonné de rencontrer un pareil obstacle en passant de la grammaire à la traduction des textes sur les copies orientales.

Notre but n'est pas de mettre en évidence tous ces caprices qui créent des difficultés dont on ne peut se rendre maître que par une longue habitude; mais nous avons pensé qu'il serait utile de faire connaître, en peu de mots, tous les genres d'écriture adoptés par les nations musulmanes, et de donner un Exercice de lecture des consonnes et des voyelles arabes, avec une transcription interlinéaire qui peut s'appliquer également aux caractères persans et turcs.

Tel est l'objet de la présente Notice, à laquelle nous avons ajouté la description des instruments à l'usage des calligraphes orientaux.

Pour les lettres orientales citées dans le texte de cet ouvrage, nous avons eu le plus souvent recours aux procédés autographiques, dans la crainte que l'emploi absolu des caractères à l'usage des imprimeries ne laissât quelque doute sur la forme véri-

NOTICE

SUR

LES DIVERS GENRES D'ÉCRITURE

ANCIENNE ET MODERNE

DES ARABES, DES PERSANS ET DES TURCS.

DE L'ÉCRITURE ARABE.

Bien longtemps avant Mahomet, les Arabes du Yémen avaient une écriture particulière, appelée *h'imyary*, du nom d'une tribu dont le chef était ʿAzandjadj ou Ghazandjadj, fils de ʿAbd Chams, et surnommé H'imyar, à cause de sa prédilection pour les vêtements de couleur rouge[1]. Le *h'imyary*, offrant une analogie remarquable avec le caractère *h'abechy*, ou abyssin, se composait de lettres isolées les unes des autres et procédait tantôt de droite à gauche, tantôt de gauche à droite, au moyen des mêmes lettres figurées dans le sens contraire.

[1] Voyez l'*Essai sur l'Histoire des Arabes*, etc. par M. Caussin de Perceval, tome Iᵉʳ, page 54.

Depuis quelques années, un grand nombre d'inscriptions h'imyariques, dans lesquelles les mots sont séparés par une barre verticale, ont été découvertes par les voyageurs européens Wellsted, Cruttenden et Arnaud. M. Fresnel en a publié plusieurs dans le *Journal asiatique* (septembre-octobre 1845); mais personne jusqu'à présent n'a pu donner une traduction complète et satisfaisante de ces inscriptions.

Quant aux Arabes du H'edjâz, ils se servaient, quelques années avant l'établissement de l'islamisme, d'une écriture formée d'éléments empruntés à l'ancien caractère des Syriens, sauf plusieurs modifications, et qui fut, dit-on, inventée à Anbar, ville de l'Irâq arabique, sur les bords de l'Euphrate, à l'occident de Baghdad, par Morâmer ben Merouat, de la tribu de T'ayy. Cette écriture se répandit ensuite à H'yrat, ville voisine de Koûfat, vers l'an 530 de l'ère chrétienne, et trente ans plus tard à la Mekke, où l'on en fit usage pour les sept poëmes suspendus dans le temple de la Ka'bat. C'est d'elle que dérive le *medyny*, ou caractère de Médine, introduit par 'Aly, fils d'Abou T'âleb. Ces deux genres d'écriture se distinguaient spécialement par la forme de l'*èlif*, qui était incliné à droite; les autres lettres étaient légèrement couchées. Des changements successifs, apportés dans la forme des lettres par les copistes du Coran, donnèrent naissance au *bas'ry*, qui tire son nom de la ville de Bas'rat, dont les fondements furent jetés l'an 14 ou 15 de l'hégire, puis au *koûfy*, ou coufique, ainsi appelé de la ville de Koûfat, fondée deux années plus tard. La célébrité de l'école de Koûfat fit ensuite oublier les premiers caractères, et le nom de *koûfy* fut appliqué dès lors aux écritures arabes antérieures au genre attribué par divers auteurs à Ebn Moqlat.

Il est à présumer que, dès l'origine, les lettres dont les éléments étaient identiques présentaient à l'œil une forme assez déterminée pour ne donner lieu à aucune méprise; mais elles finirent par s'altérer et se confondre à tel point que l'on fut forcé d'avoir recours à un nouveau moyen pour lire le Coran d'une manière précise. Ce fut alors que l'on inventa les points diacritiques, attribués par quelques auteurs arabes à Abou-'làsouad eddoûly, et par d'autres à Nas'r ben ʿÂs'em ellaytsy, ou à Yah'yä ben Yaʿmer elʿadouàny elouacheky, originaires tous deux de Bas'rat. Le célèbre Abou ʿAbd errah'man

Cralyl ben Ah'med elfaráhydy elàzdy, mort à Bas'rat, suivant les uns l'an 160, et selon d'autres l'an 170 de l'hégire, est considéré comme l'inventeur des *voyelles*, du *hamzat* et du *techdyd*, dont il sera parlé plus loin.

Les écritures antérieures au *koûfy* n'existant plus aujourd'hui, il ne reste à compter chez les Arabes que dix sortes d'écriture ; savoir :

1° Le *koûfy*. Les principaux éléments dont il se compose sont au nombre de quinze et se tracent ainsi, de droite à gauche :

ﺏ ﺟ ﺩ ﺭ ﻁ ﺩ ﻭ ﻩ ﺭ ﻁ ﺍ ﻝ ﻡ ﺱ ﻉ ﻑ

Presque toutes ces figures se lient entre elles dans le corps des mots et se modifient légèrement selon la place qu'elles occupent. Sans entrer, à ce sujet, dans aucun détail, nous pensons convenable de donner ici la forme complète de chaque lettre employée isolément :

ﻡ ﻝ ﻙ ﻱ ﻁ ﺭ ﻭ ﺩ ﺡ ﺏ ﺍ

m   l   k   y   t'   r   ou   h   d   h'   b   a

ﺭ ﻑ ﻉ ﺱ ﺩ

s'   f   'a   s   n

Comme il n'existe dans ce genre de caractère aucun signe particulier pour distinguer les lettres qui diffèrent de valeur tout en conservant la même figure, il est souvent difficile de les lire, et la connaissance de la langue est indispensable en pareil cas.

EXEMPLE DE *KOÚFY*.

الله الامر من قبل ومن بعد

lillah elàmr min qabl ou min ba'd

Dans les inscriptions lapidaires, les traits ont beaucoup plus de roideur et se terminent, à leurs extrémités, par une espèce de crochet.

Du temps des califes Omayyades, le *koúfy* fut perfectionné par 'Abd elh'amyd Yah'yä; mais vers le xive siècle de l'ère chrétienne il tomba en désuétude. C'est probablement de ce caractère que dérivent les écritures modernes employées par les Arabes, les Persans et les Turcs. Les lettres y sont rangées dans le même ordre que celui des lettres hébraïques et samaritaines; et les Arabes s'en servaient dans la numération avant d'avoir adopté les chiffres indiens, improprement appelés *arabes* par les peuples de l'Europe. Nous nous occuperons de ces chiffres après avoir passé en revue les divers genres d'écriture arabe.

Contrairement à l'usage suivi par les Arabes d'Asie, on rencontre souvent des mots divisés dans les manuscrits coufiques, et les voyelles y sont remplacées par un gros point rouge, mis sur les consonnes pour tenir lieu du *fath'at*; dans le corps même ou à la suite de la lettre, ce point a la valeur du *d'ammat*, et, s'il est écrit au-dessous, celle du *kesrat*. On le voit doublé dans les mêmes positions, pour représenter les voyelles nasales *ane, oune* et *ine*.

Le *djezmat* et le *techdyd* sont rarement employés dans ce genre d'écriture. Le *hamzat* est quelquefois indiqué par un trait de couleur verte, placé horizontalement devant l'*èlif* et à son sommet, quand cet *èlif* doit se prononcer comme *à*[1] légèrement aspiré; au milieu, lorsqu'il prend le son *où*; et au bas, quand il faut l'articuler comme un *i*. Dans ce cas, le point qui fait fonction de voyelle est écrit en jaune. Le *oues'lat*, indiqué par un trait rouge devant l'*èlif* d'union, prend les mêmes posi-

---

[1] L'accent grave rappelle ici l'aspiration produite par le *hamzat*.

tions que le *hamzat*, selon la voyelle appartenant à la consonne finale du mot précédent.

2° Le *KOÛFY QUADRANGULAIRE*. Ce genre d'écriture, que l'on remarque dans quelques vieilles inscriptions, et surtout en Égypte, servait aux artistes orientaux, vers le moyen âge, à exécuter de superbes mosaïques, comme celles qui figurent dans le bel Atlas de l'ouvrage intitulé : *Trattato delle simboliche rappresentanze arabiche,* par l'abbé Michelangelo Lanci, Paris, 1845, et dont nous avons extrait l'inscription suivante où se lisent les mêmes mots que ceux de l'exemple donné plus haut :

L'altération des formes de chaque lettre, occasionnée par la régularité des lignes verticales et horizontales, ainsi que l'absence de tout point diacritique, rendent excessivement difficile la lecture de ce caractère. C'est plutôt, comme on le voit, une série de lignes épaisses et disposées avec symétrie, qu'une écriture proprement dite. Le déchiffrement de la plupart de ces inscriptions exige beaucoup de persévérance et de sagacité.

3° Le QARMAT'Y. Cette écriture, dont l'origine est postérieure d'environ trois siècles au *koûfy*, offre une grande ressemblance avec ce dernier; mais les lettres en sont plus arrondies, et, de même que les lettres coufiques, elles ne portent aucun point diacritique. Voici la figure de celles qui s'éloignent le plus du genre *koûfy* :

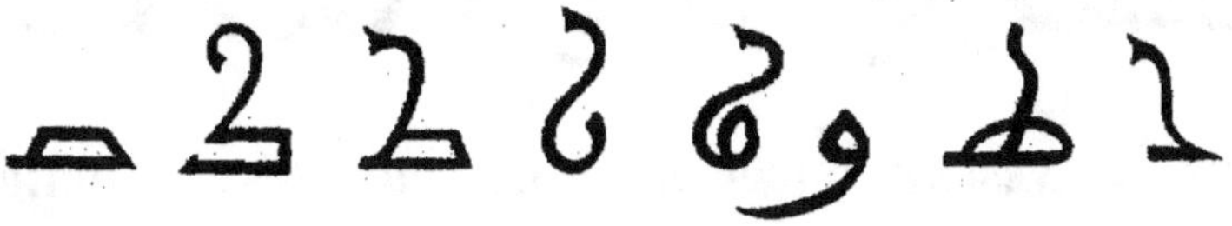

s'   k   t'   r   ou   h   h'

Quelques-unes sont accompagnées d'appendices ou ornements que l'on ne remarque pas dans le premier caractère; telles sont, entre autres, les suivantes :

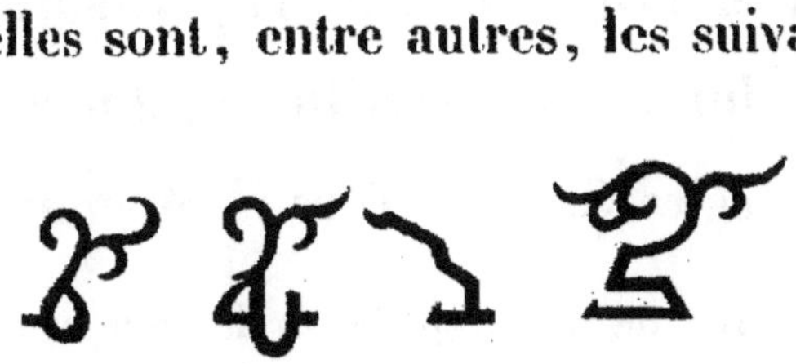

m   h   d ou d

Le *qarmat'y* fut adopté par les disciples de Hamdân, dit *Qarmat'y*, du nom de sa ville natale. Ce personnage était un sectaire musulman qui répandit sa doctrine dans les environs de Koûfat, vers la fin du ixe siècle de l'ère chrétienne, et qui périt sous les coups du chef des Ismaéliens contre lequel il s'était mis en état de guerre. La puissance des Qarmat'es fut anéantie en 982.

Nous figurons ici en *qarmat'y* les mots déjà donnés en *koûfy*, pour rendre plus sensible au lecteur le rapport qu'ont entre elles ces deux écritures [1] :

لا اله الا الله محمد رسول الله

4° Le *nescry*, ou écriture des copistes, actuellement en usage. Il fut inventé, dit-on, par Ebn el'amyd, qu'il ne faut pas confondre avec 'Abd elh'amyd Yah'yä, cité plus haut. A la suite d'Ebn el'amyd parut le célèbre Abou 'Aly Moh'ammed ben Moqlat, surnommé *Ouad'i' elcrat't* «celui qui fixe l'écriture»; il mourut en 324 ou 326 de l'hégire (937 de l'ère chrétienne). Ebn Moqlat

---

[1] On peut voir de beaux spécimens de *koûfy* et de *qarmat'y* dans le Mémoire sur le *Meqyâs* ou Nilomètre de l'île de Raoud'at, publié par M. Marcel dans le grand ouvrage intitulé : *Description de l'Égypte*. L'Atlas de l'abbé Lanci renferme également plusieurs inscriptions de l'un et de l'autre genre.

fut encore surpassé par Abou-'lh'asan 'Aly ben Helâl, plus connu sous le nom d'*Ebn elbaououâb*, mort en 413 ou 423 de l'hégire (1023 ou 1033 de J. C.), et par Èmyn eddyn Abou-'ddor Yâqoût, né à Mosul, où il s'occupa surtout à transcrire des exemplaires du *S'ih'âh'* de Djaouhery. Yâqoût fut surnommé *Elcrat't'ât'* «l'écrivain par excellence», et mourut dans sa ville natale, en 618 de l'ère musulmane.

Les principaux éléments des lettres *nescry* sont au nombre de quinze; mais les grammairiens rangent ces lettres dans un autre ordre que les lettres *koûfy*, parce qu'ils rapprochent entre elles les figures qui ne changent de valeur que par le nombre ou la position des points diacritiques.

Il convient d'abord d'appeler l'attention du lecteur sur les éléments initiaux de chaque lettre.

ÉLÉMENTS DES LETTRES EN *NESCRY*.

و ه م ل ك ف ع ط ص س ر د ح ا

ou   h   m   l   k   -   'a   t'   s'   s   r   d   h'   -   a

Remarquez que les traits ر et ه doivent toujours être ponctués, pour avoir quelque valeur.

Les points diacritiques, employés avec la plupart des éléments que nous venons d'indiquer, servent à former d'autres lettres, telles que :

ب *b*; ي *y* (qui, à la fin des mots, se figure ainsi : ى et ى); پ *p* (cette lettre n'existe que chez les Persans et les Turcs); ن *n* (figure finale ن, figure isolée ن); ت *t*; puis ث *ts* : six lettres avec le même élément.

ج *dj*; خ *kh* (ou mieux *cr*); چ *tch* (chez les Persans et les Turcs).

ذ *dz*. L'élément principal se combine souvent avec le ه *h*, sous cette forme : ه‍د *d-h*; ه‍ذ *dz-h*.

ز *z*; ژ *j* (lettre persane et turque). L'élément principal a souvent cette forme ر, quand il se joint à une lettre précédente, et se combine également avec le ه *h*; exemples : ه‍ر *r-h*; ه‍ز *z-h*.

ش *ch*; ض *d'*; ظ *z'*; غ *gh* (ou *r'* grasseyé).

ف *f* (figure finale ف); ق *q* (figure finale ق, toujours bien plus arrondie que ف).

گ *g* (lettre persane et turque); ڭ *ñ* (lettre turque).

Le ل *l* se combine avec le ا *a* final, pour former la ligature لا, qui s'écrit également لا *l-a*.

Le ه *h*, au milieu des mots, se figure tantôt ه, et

tantôt ع. A la fin des mots, il prend cette forme ع
ou ہ (isolément ه ou ة), et reçoit quelquefois deux
points en dessus, qui le font alors prononcer comme
le ت ت *t.*

FIGURE COMPLÈTE ET NOM DES CONSONNES ARABES,

D'APRÈS LEUR ORDRE ORIENTAL.

ز   ر   ذ   د   خ   ح   ج   ث   ت   ب   ا

za   ra   dzal   dal   cra   h'a   djim   tsa   ta   ba   [1] alif

ك   ق   ف   غ   ع   ظ   ط   ض   ص   ش   س

kef   qaf   fa   r'ayn   'ayn   z'a   t'a   d'ad   s'ad   chin   sin

ى   و   ه   ن   م   ل

ya   ouaou   hé   noun   mim   lam

Nous allons donner maintenant la figure, la valeur
et le nom des voyelles et signes orthographiques :

VOYELLES.

´   *a,* se nomme *fath'at,* et se met sur les consonnes;

،   *i,* .... *kesrat,* .... au-dessous;

،   *ou,* .... *d'ammat,* .... au-dessus.

---

[1] Les lettres italiques placées au-dessous de chaque lettre arabe rap-
pellent sa valeur en français.

Ces trois voyelles se doublent ainsi : ˵ *ane*, ˶ *ine*, ˢ *oune*, pour former les *tenouyn*, ou voyelles nasales.

SIGNES ORTHOGRAPHIQUES.

˷ *techdyd*. Ce signe sert à doubler la valeur des consonnes et se place au-dessus d'elles; on le voit souvent surmonté des voyelles; exemples : ˵, ˶; ˸, ˹.

˅ *djezmat*, repos de la voix sur une consonne; il ne reçoit que le *hamzat* au-dessous de lui; exemple : ˊ.

ˢ *hamzat*, signe d'aspiration, dont la forme ressemble à celle du ‏ع‎ *'a* initial; il se place sur le ‏ا‎, le ‏و‎, et le ‏ى‎ qui, dans ce cas, perd ses deux points; exemple : ‏ؤ‎ (‏ئ‎ forme médiale). Quelquefois ce signe figure dans le corps même ou à la fin des mots, sur la ligne des consonnes, et rend aspirée la voyelle qu'il peut recevoir dans cette position.

˜ *oues'lat*, signe d'élision de la lettre ‏ا‎, se figure au-dessus d'elle et correspond à notre apostrophe. Dans la transcription française, la présence de l'*èlif* surmonté du *oues'lat* s'indique par un trait d'union.

˜ *meddat*, se place aussi sur le ‏ا‎ dont il prolonge le son. Ce signe équivaut à notre accent circonflexe; on le rencontre au-dessus de certaines lettres placées en tête de quelques chapitres du Coran, mais alors il n'a aucune valeur dans la prononciation.

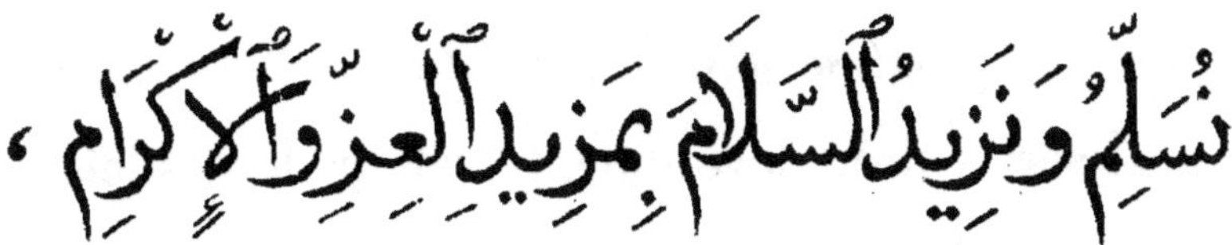

nousallimou oua nazydou -'ssalâma bimazydi -'l'izzi oua -'likrâmi.

Les Arabes n'ayant pas, comme nous, de lettres majuscules, se contentent d'indiquer les titres d'ouvrages ou le commencement des chapitres par un caractère plus fort que celui du texte courant; dans ce cas, ils se servent d'encre rouge, bleue, verte ou jaune, suivant leur caprice. Comme ils n'ont pas l'habitude de diviser les mots à la fin des lignes, ils rejettent souvent à la ligne suivante le mot qui ne peut entrer, et prolongent les traits des consonnes pour ne pas laisser de vide [1].

[1] La facilité de prolonger les traits des lettres arabes permet souvent aux calligraphes de représenter des figures assez originales au moyen de certaines combinaisons; ce sont des quadrupèdes, des oiseaux, des fleurs, des navires, et autres ornements qui renferment des maximes, des invocations ou des noms propres. On en voit un nombre considérable dans

Les exceptions à cette règle sont bien rares ; quelquefois les copistes rejettent la fin d'un mot au milieu de la marge, ou trouvent le moyen de l'insérer dans l'interligne supérieur.

Dans beaucoup de manuscrits soignés, on remarque le signe ˮ, appelé *mouhmilat*, sur le د *d*, le ر *r*, et le س *s*. Il sert à fixer davantage la valeur de ces lettres, et avertit qu'on ne doit pas les confondre avec les figures analogues qui sont ponctuées. Souvent aussi les calligraphes placent trois points au-dessous du س *s* (پس), pour le distinguer du ش *ch*.

Les figures isolées ح *h'*, ص *s'*, ط *t'* et ع *'a* se trouvent quelquefois répétées dans l'interligne, au-dessous des diverses formes des mêmes lettres, soit comme ornement, soit pour indiquer au lecteur qu'il n'y a aucune faute à craindre de la part du copiste.

Un petit ه *h* domine souvent la forme finale ou isolée de cette lettre, quand elle ne reçoit pas de points.

l'Atlas de l'abbé Lanci. Les calligraphes excellent aussi dans l'art de composer de superbes cachets dont malheureusement il est parfois difficile de deviner le contenu. Par exemple, le *t'oughrà*, ou chiffre impérial du Grand Seigneur, offre plutôt un monogramme conventionnel qu'une exacte représentation des noms et titres du souverain.

A la fin des mots, le ف *f,* le ق *q* et le ن *n* sont quelquefois écrits sans points, et si ces lettres ne présentent pas à l'œil une forme bien déterminée, il peut en résulter de l'embarras pour la lecture; cependant, avec un peu d'habitude, on parvient aisément à les reconnaître malgré l'oubli du copiste.

Le ى *y* final se trace souvent ainsi ﻊ en *nescry;* mais cette forme est encore plus usitée dans le *maghreby,* dont nous parlerons bientôt.

Ordinairement, les Arabes suppriment les voyelles dans les manuscrits, et ce n'est que par l'usage et la connaissance de la langue que l'on peut arriver à lire correctement. Toutefois, cette difficulté n'est pas aussi grande qu'on serait tenté de le penser, surtout pour la prononciation vulgaire, dans laquelle le son *è* se fait entendre le plus souvent après les consonnes, à moins qu'il ne se rencontre immédiatement quelque lettre emphatique ou bien l'une des lettres de prolongation ا *â,* و *ou* et ى *i.* Cette remarque, qui appartient plus spécialement à la grammaire, nous a paru néanmoins trouver ici sa place, parce qu'elle peut servir à faciliter la lecture des mots écrits sans voyelles.

Le ⁓ *oues'lat* et le ⁓ *meddat* sont le plus souvent omis par les copistes; beaucoup d'entre eux n'admettent que le ّ *techdyd* et le ٔ *hamzat*, et encore n'observent-ils pas régulièrement l'emploi de ces signes.

Dans certains manuscrits arabes, anciens ou modernes, les ا *élif* de prolongation sont remplacés par un ٰ, ou *fath'at* perpendiculaire, au-dessus de la consonne qui devrait être suivie d'un *élif* (ا ou ل); mais cette substitution ne laisse pas d'offrir quelque difficulté aux étudiants, surtout dans le cas où le copiste aurait négligé d'écrire le *fath'at* perpendiculaire; car il peut en résulter plus d'une erreur dans la lecture d'un mot ainsi abrégé.

Le même signe se place quelquefois, à la fin du mot, au-dessus du ى quiescent, ainsi appelé quand il n'est pas sensible dans la prononciation; exemple : مصطفى *mous't'afâ.* — L'ā sert à représenter ىٰ .

Les calligraphes arabes ont soin de partager les vers en deux hémistiches d'égale longueur, et, lorsqu'ils ne peuvent faire entrer les deux hémistiches dans la même ligne, ils renfoncent le second au-dessous du premier, de manière à laisser toujours la rime à découvert.

Les Arabes n'ont pas de signes particuliers pour séparer les divers membres de phrases; l'emploi de certaines particules leur suffit en pareil cas. Ils indiquent parfois les citations en grossissant le premier mot du passage emprunté, et l'écrivent en couleur.

Le signe de ponctuation le plus usité est celui-ci ٬, qui s'appelle *noqt'at* « point », et se met souvent entre le premier et le second hémistiche, quand ils sont tous deux sur la même ligne, ou dans la prose rimée, à la suite des mots qui ont une même consonnance, comme on peut le voir dans les *Meqâmât* ou Séances de H'aryry. Cette figure ٪, ou celle-ci ۞, se rencontre fréquemment après le dernier mot d'un chapitre, et porte aussi le nom de *noqt'at*.

Enfin, la dernière page d'un manuscrit présente assez habituellement la forme d'un cul-de-lampe, terminé par le signe ۾, abréviation probable de إنتهى *intahä* « (ce livre) est achevé », ou par trois م, ainsi disposés م م, ce qui tient lieu du mot تمّ *tamm* « fin ».

Dans plusieurs beaux manuscrits du Coran, la fin de chaque verset est ordinairement marquée du point ٬ ou ٪, écrit en noir ou en rouge; et, de dix en dix versets, cette autre forme du point ✿ est peinte en or. Le م écrit en rouge, dans l'interligne supérieur, indique une pause *nécessaire* après un mot, le ط une pause *absolue*, le ج une pause *permise*, le ز une pause *tolérée*, le ص une pause accordée *pour la respiration seulement*, et le لا *aucune pause*. Les signes les plus usités en pareil cas sont le ط, le ج et le لا[1].

On rencontre dans quelques manuscrits des gloses marginales, placées obliquement autour du texte, et avec une telle symétrie, qu'elles encadrent exactement les pages et produisent un effet gracieux. Cette observation concerne aussi beaucoup de manuscrits persans et turcs. Divers ouvrages imprimés avec des caractères mobiles, et portant, à chaque page, des commentaires fort étendus et disposés comme nous venons de le dire, ont déjà paru en Orient.

5° Le *NESCRY DJERY*, ou écriture cursive des copistes, comme l'indique le mot *djery*, est une variante du genre précédent. L'omission souvent totale des points, l'enlacement des mots, et la forme plus ou moins altérée des

---

[1] Ces détails, ainsi que plusieurs autres, nous ont été fournis par la Grammaire arabe de feu le baron Silvestre de Sacy.

lettres, suivant le caprice ou l'inhabileté de l'écrivain,
en rendent la lecture excessivement pénible [1].

EXEMPLE DE NESCHY DJERY.

ànâ bes's'abr qad belar't mounây oua où't'yt àmâly oua nilt redjây

6° Le *TSOULOUTS*, c'est-à-dire écriture triple ou trois
fois plus grosse que l'écriture usuelle, atteint souvent
des proportions gigantesques. On en fait principalement
usage pour les versets du Coran tracés sur les murs in-
térieurs des mosquées, pour les inscriptions lapidaires,
et les frontispices des manuscrits. Les mots s'y trouvent
enlacés les uns dans les autres, et l'on y remarque des
répétitions de lettres semblables à celles que nous avons
déjà signalées (voyez page 15). L'intervalle des lignes

---

[1] Comme il arrive souvent aux copistes d'omettre ou de déplacer les
points affectés à certaines lettres, les auteurs orientaux ont quelquefois
la précaution d'indiquer l'orthographe d'un nom propre peu connu de
leurs lecteurs, en écrivant tout au long, à la suite du nom propre, celui
de chaque lettre qui entre dans sa composition; et lorsque cette précaution ne leur paraît pas suffisante, ils disent encore si la lettre doit être ou
non ponctuée, et même le nombre de points qu'elle prend, soit en dessus,
soit en dessous.

est souvent occupé par de légers traits, en or ou en couleur, qui suivent le contour des lettres, et parsemé de fleurs et autres ornements d'un très-bel effet.

EXEMPLE DE *TSOULOUTS*.

bismi –'llahi –'rrah'mani –'rrah'ymi

7° Le *TSOULOUTS DJERY*, ou *tsoulouts* cursif, s'écrit un peu plus obliquement, et s'emploie pour les devises, les légendes et les épigraphes.

EXEMPLE DE *TSOULOUTS DJERY*.

selâmet elînsân fy h'ifz' ellisân

8° Le *YÂQOÙTY*. Cette écriture, qui tire son nom du

célèbre Yâqoût, dont nous avons parlé plus haut, sert aussi pour les titres d'ouvrages et les inscriptions; elle a tant d'analogie avec le *tsoulouts*, que l'on confond souvent l'une avec l'autre.

9° Le *ryh'âny* est une variété du même genre, dont le calligraphe Ryh'ân est considéré comme l'inventeur.

Ces deux derniers caractères sont très-nets et très-élégants; mais ils ne sont plus guère en usage.

10° Le *maghreby*, ou occidental, également appelé *africain*, pourrait se diviser, à la rigueur, en *algérien* et en *marocain*. L'écriture algérienne est, en général, plus compacte que celle du Maroc, et cette dernière a peut-être plus de grâce; mais il suffit de faire remarquer que, dans l'écriture barbaresque, les lettres montantes, au lieu de se terminer en pointe, comme celles du *nescry*, sont arrondies vers la gauche. Souvent la queue de certaines lettres vient se prolonger avec élégance au-dessous des mots suivants, et la forme finale de l'*èlif* porte toujours un petit appendice qui ne se rencontre pas dans l'écriture des Arabes d'Asie.

Avant d'entrer dans les détails qui concernent plusieurs lettres du genre *maghreby*, nous allons donner un petit spécimen de ce caractère, d'après un manuscrit moderne, exécuté par un calligraphe de Constantine.

EXEMPLE DE MAGHREBY.

ثم خرجنا من مدينة قابس قاصدين طرابلس
وصحبنا في بعض المراحل اليها نحو مائة فارس

tscumma craredjnâ min medynat qâbes qâs'idyn t'râboulous
oua s'ah'abanâ fy ba'd' elmerâh'il ileyha nah'ou miàt fâres

On peut voir, en comparant le caractère africain avec le coufique, qu'il existe entre eux une grande ressemblance. Passons maintenant aux observations relatives à certaines lettres maghrébines.

Contrairement à l'usage suivi par les Arabes orientaux, le *qaf* ne reçoit qu'un seul point (ڧ), et celui du *fa* s'écrit toujours au-dessous de cette lettre (ڢ).

Le *h'a* est généralement plus arrondi qu'en *nescry*, exemple : ح, surtout quand il se joint à d'autres consonnes, comme dans le groupe يحج *y-h'-ddj*.

Le *dal* se figure ainsi ﺪ, au lieu de د.

On rencontre souvent le *t'a* écrit de diverses manières dont les plus usitées sont celles-ci : ط et ط.

Les Algériens emploient fréquemment la variante 🙰 au milieu des mots; le point diacritique du *z'a* se place à gauche ou dans le centre de la lettre, et non pas sur la droite comme en *nescry*.

Dans le caractère africain, la forme finale ou isolée du *kef* ressemble beaucoup à celle du *dal*; mais la tête du *kef*, arrondie vers la gauche, est plus élevée, comme on le voit ici : ـ - ـ; ـ - ـ .

Nous ferons observer aussi que la tête du *noun* final ou isolé est toujours arrondie, et que le point diacritique se place ordinairement au-dessus d'elle; exemple : ـ et ـ .

Le *s'ad* ـ est plus aplati qu'en *nescry*, et la tête du *'ayn* initial ou isolé est toujours très-grosse et très-ouverte; exemple : ـ et ـ .

Lorsque le *lam* s'unit à l'*èlif*, souvent cette dernière lettre s'arrondit au-dessous du *lam*, exemple : ـ . Le *lam–èlif* prend aussi ces deux formes : ـ et ـ .

Quand le *ya*, à la fin d'un mot, doit se prononcer comme notre *y*, on a soin d'écrire les deux points et de faire revenir la queue du *ya* sous la consonne précédente. Si cette consonne doit recevoir un point en dessous, on le réunit à ceux du *ya;* exemples : پ *by,* چ *djy,* ڢ *fy.* Lorsque le *ya* ne se prononce pas, on l'écrit sans points, et de l'autre manière, comme dans مصطفى *mos't'afä* [1].

Le *kef* et le *qaf,* surmontés de trois points (ڭ et ڧ), servent en Algérie à représenter notre *g;* et le *sin* avec trois points en dessous (پ) équivaut à la lettre persane et turque چ *tch,* qui néanmoins s'emploie souvent en *maghreby.*

Dans beaucoup de manuscrits africains, le titre de l'ouvrage ou des chapitres est écrit en *koufy* et accompagné d'ornements en couleur. Souvent il arrive aux copistes de couper les mots du texte qui ne peuvent entrer à la fin de la ligne, ou d'en faire remonter les dernières lettres le long de la marge.

---

[1] Suivant ce que nous a rapporté M. Cherbonneau, professeur d'arabe à la chaire de Constantine, les maîtres d'écriture, dans cette ville, ont l'habitude de désigner le ج, le ح et le خ par les mots أمّ المخطاف *oùmm elmocrt'âf,* ce qui veut dire «la lettre à griffe ou à crochet». Ils appellent le ب et le ث : بو اربع اجناح *boù arba' edjnâk'* «la lettre à quatre pans»; le ق et le ف : أمّ رقيبة *oùmm raqybat* «la lettre au petit col»; le ع et le غ : فم الذيب *fom eddzyb* «la gueule du chacal». Le ش, sous cette forme, ou sous celles-ci ش, ش, s'appelle أمّ كريشتين *oùmm krychteyn* «la lettre à deux petits ventres»; et le ه isolé, ها صغيرة *hâ s'r'yrat* «le petit *hé*».

Le *fath'at* et le *kesrat* se placent presque horizontalement, l'un au-dessus, l'autre au-dessous des consonnes,
et la voyelle nasale *oune* se représente avec deux *d'ammat*
juxtaposés (⁹⁹). Ces voyelles s'écrivent en diverses couleurs, suivant le goût du copiste, et souvent entre la
consonne et les points qu'elle doit recevoir. Le *hamzat*
précède ordinairement l'*èlif* auquel il appartient, et le
techdyd se figure ainsi : ᵛ . Le *djezmat* est entièrement
rond ; exemple : ° .

Enfin, dans certains manuscrits du Coran, le *hamzat*
se trouve indiqué par un point jaune, soit au haut, soit
au milieu ou au bas de l'*èlif*; dans plusieurs autres, le
oues'lat est remplacé par une ligne horizontale rouge devant l'*èlif*, qui n'en conserve pas moins le *hamzat*, figuré
en vert.

EXERCICE DE LECTURE

DES CARACTÈRES ARABES DU GENRE *NESCRY.*

Afin d'initier le plus vite possible à la lecture des caractères arabes actuellement en usage, il nous a paru nécessaire de donner un certain nombre de mots destinés à mettre successivement en évidence les diverses formes des lettres, avec une transcription européenne dans l'ordre même des lettres arabes correspondantes. Nous avons dû, dans ce cas, employer les types mobiles de l'imprimerie, et prolonger les traits horizontaux de quelques consonnes, pour rendre plus sensible la concordance des figures orientales avec leur valeur en français.

Il faut commencer la lecture des mots arabes par la droite de la ligne principale, celle des consonnes, représentées en caractères plus gros que les voyelles, et faire bien attention à la voyelle ou au signe orthographique placé accidentellement au-dessus ou au-dessous de la première consonne, avant de passer à la seconde, et ainsi de suite. Par ce moyen, on évitera toute erreur de prononciation.

أَبَانَا بَات تِبِن بَيتُنَا أَبَد دَارِى يَزِيد ذَنِب

b |n|dz   d |y|z|y   y|r|á|d   d|b|á   á|n|t|y|b   n|b|t   t|á|b   á|n|á|b|á

بَيتِى وَزِير ثَوران طُيُور بَيطار نَظَر حَاجِب

b | dj |á|h'   r|z'|n   r|á|t'|y|b   r|oú|y|t'   n|á|r|ou|ts   r|y|z|ou   y|t | y|b

حِجَاب يَخرُج سَجَد سَطح شَيخ بَسِيط بِسَاط

t'|á|s|b   t'|y|s|b   cr|y|ch   h'|t'|s   d |dj|s   dj|r |cr|y   b|á|dj|h'

حَبس جَيش أَخَذ نَاس صَبر نَصَب يَضرُب

b|r|d'|y   b |s'|n   r|b|s'   s|á|n   dz|cr|á   ch|y|dj   s|b|h'

شَخص حَوض عَين غَار بَعض قَطَع جُوع فَقِير

r|y|q|s   c|ou|dj   c|t'|q   d'|c|b   r|á|r'   n|y|c   d'|ou|h'   s'|cr|ch

خَفِيف شَفَق قَاف فَوق فِى كَبِير يَكتُب

b |t | k|y   r|y|b|k   y|f   q|ou|f   f|á|q   q|f|ch   f|y|f|cr

كِتَابُك عَبدُك آللِّسَانُ آلعَرَبِىُّ قَلِيل مَال لِى

y|l   l|á|m   l |y|l|q   yy|b|r|l|-   n|á|s|ll |e   k|d|b|c   k|b|á|t|k

مَملُوك سَلِيم كَلَام قَوم هِلَال وَجهُهَا اللّٰه

h|ll|a   á|h|h|dj|ou   l|á|l|h   m|ou|q   m|á|l|k   m|y|l|á|s   k|ou|l|m|m

جَحْجَمَة قَبْرُهُ قَهْوَة هِيَ مَحْمُود مُعَجِّح ،

h'|h'h'|s'|m   d|ou|m|h'|m   y|h   t|ou|h|q   h|r|b|q   t|m|dj|m|dj

Les ligatures de plus de deux lettres n'ont pas été admises dans cet Exercice, parce qu'il aurait été impossible de les transcrire symétriquement ; et comme les lettres groupées les unes au-dessus des autres ne présentent pas une grande difficulté à la lecture, on parvient en très-peu de temps à les distinguer sur les manuscrits.

Enfin, il y a quatorze lettres qui, précédées de l'article ال *el*, se doublent dans la prononciation sans tenir compte du ل *l*, et sans qu'il soit rigoureusement nécessaire de placer au-dessus d'elles le ّ *techdyd* ou signe de redoublement. Ces lettres sont les suivantes, classées d'après l'ordre adopté en Orient :

ن ل ظ ط ض ص ش س ز ر ذ د ث ت

n   l   z'   t'   d'   s'   ch   s   z   r   dz   d   ts   t

EXEMPLES DE TRANSCRIPTION.

الزَّيت الرَّبّ الذِّكر الدين الثُّلُث التِّبر

t |y|zz|e   bb|rr|e   r | k |ddz|e   n|y|dd | e   ts| l | tts|e   r|b|tt|e

السُلطان الشَّمس الصَيف الضَّرب الطَبيب

b | y |b|t'ͣt'|e　　b|r|d'ͣd'|e　　f|y|s'ͣs'|e　　s|m|chch|e　　n |á| t'| l | ss |e

الظِلّ اللَّهَب النـور ۞

r|ou|nn |e　　b |h|llͣ|e　　ll|z'ͣz'|e

OBSERVATIONS.

La transcription du خ par *cr* pourra peut-être sembler étrange aux orientalistes habitués à rendre cette lettre par *kh*; mais nous ferons observer que les lettres *cr* grasseyées en représentent mieux l'articulation, et que, dans notre système, le *c* n'est employé que pour figurer le خ *cr* et le ش *ch*. — Le ك est toujours transcrit par *k*, et le ق par *q*. Ainsi, point de confusion à craindre. — Les lettres emphatiques doivent toujours être accompagnées de ce signe '; exemples : *h'*, *s'*, *d'*, *t'*, *z'*, *r'*, pour se distinguer des lettres analogues dont la prononciation est plus douce et la figure bien différente. — L'esprit rude ' sert à transcrire le ع *'ayn*, dont la prononciation est modifiée par la voyelle qu'il reçoit. — Quand le ت *ts*, le ج *dj* et le ذ *dz* sont doublés dans un mot, il faut les transcrire ainsi : *tts*, *ddj*, et *ddz*; car on dit, par exemple, *kat-tsar*, et non *kats-tsar*; *nad-djâr*, et non *nadj-djâr*; *ed-dzenb*, et non *edz-dzenb*. Mais le خ *cr* et le ش *ch* se répètent intégralement dans un cas semblable, conformément à leur articulation; exemples : *tadcr-crar*, et non *tadc-crar*; *ech-chems*, et non *ec-chems*.

CHIFFRES A L'USAGE DES ARABES.

Les chiffres arabes, ou plutôt indiens, puisque les Arabes les ont empruntés aux peuples de l'Inde, se figurent de cette manière :

1 2 3 4 5 6 7 8 9 0

Introduits en Europe vers le règne de Charlemagne, ces chiffres ont fini par remplacer les lettres numérales latines dont l'usage était moins commode; mais ils ont subi diverses modifications qui n'empêchent pas, toutefois, de reconnaître leur origine, lorsque l'on compare avec les formes orientales celles que nous employons aujourd'hui.

Ainsi, notre 1 est tout à fait le même que le chiffre correspondant;

Le 2 ressemble au ۲ ainsi retourné;

Le 3 représente , moins le trait inférieur;

Le 4 est à peu près le ۵ ainsi retourné et coupé par un trait vertical.

Le 5 dérive du ୦ ouvert sur la gauche et augmenté d'un petit appendice à sa partie supérieure;

Le 6, le 7 et le 8 représentent exactement les mêmes chiffres dans le genre *ghobâr* (voyez page 33);

Le 9 est une forme arrondie du ۹;

Enfin, le o répond au ٠, que les Arabes écrivent souvent de la même manière que nous; dans ce cas, ils remplacent le ୦ (5) par le signe ୫. Quelquefois, ils emploient la figure ع au lieu du ۴ (4)[1].

Les lettres numériques arabes ne sont plus guère employées que par des savants qui s'occupent à faire des chronogrammes dont les lettres, additionnées ensemble, donnent la date de l'année dans laquelle s'est accompli tel ou tel événement.

Deux autres espèces de chiffres se rencontrent encore dans quelques manuscrits arabes : l'une doit son nom au mot *ghobâr* « poussière », parce que, dans l'origine,

[1] En Arabie, et principalement en Turquie, on se sert, pour les cadrans d'horloge, les baromètres, etc. d'une variante des chiffres indiens. Le principal élément de cette variante ressemble assez au ۱ persépolitain. Exemple : ۱ ۲ ۳ ۴ ٥ ۶ ۷ ۸ ۹ ٠

on figurait ces chiffres sur le sable; l'autre est appelée *dyouâny*, et s'employait jadis dans les bureaux de l'administration supérieure.

CHIFFRES *GHOBÂR.*

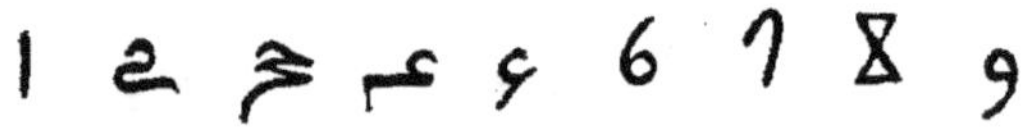

1 2 3 4 5 6 7 8 9

Comme il n'existe pas de *zéro* dans ce genre de numération, les dizaines s'indiquent par un point sur les unités, les centaines par deux points, et les mille par trois points; exemples : 20, 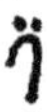 700, 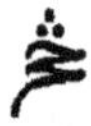 3000, etc.

Les chiffres *ghobâr* sont usités dans certains ouvrages de mathématiques et de géographie.

CHIFFRES *DYOUÂNY.*

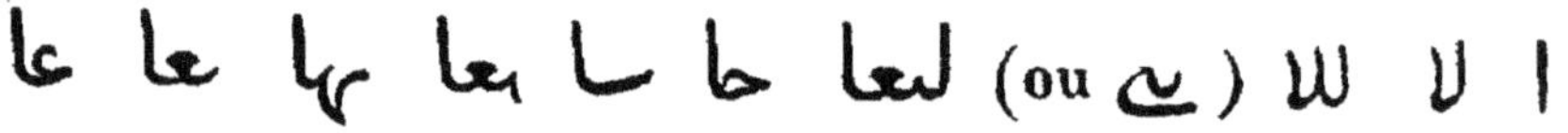

10 9 8 7 6 5 4 3 2 1

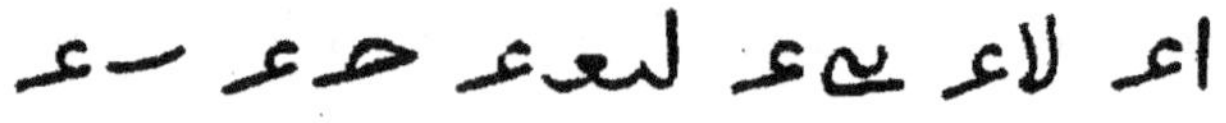

etc. 16 15 14 13 12 11

Ces signes paraissent être plutôt des abréviations de mots arabes exprimant les quantités, que de véritables chiffres. Pour les nombres plus élevés, on peut voir le

Dictionnaire arabe-persan de Zamacrchâry (man. ar. de la Bibliothèque impériale, ancien fonds, n° 1256, f. 36 *v.*).

NUMÉRATIFS FRACTIONNAIRES.

Voici, d'après M. Caussin de Perceval (*Grammaire arabe vulgaire*, 3ᵉ édition), les signes usités en Syrie, en Égypte et en Barbarie, pour certaines fractions :

VALEUR.	SYRIE.	ÉGYPTE.	BARBARIE.	SIGNES communs.
1/2	∟	∕	∟	
1/3	و	ش	....	؞
2/3	وو	ﮔ		
1/4	∕	∟	＞	
3/4	∟	ﻊ	٢	؞
1/5	....	....	....	٥/٠
1/6	وو			
5/6	ﭕ	ﻬ		
1/7	....		....	٥/٧
1/8	٣			
1/9	....	....	....	٥/٩

DE L'ÉCRITURE PERSANE.

Quoique les Persans aient adopté les lettres arabes, ils en ont tellement modifié l'aspect, que l'on compte chez eux trois genres d'écriture, connus sous les dénominations suivantes :

1° Le *NESCRY TA'LYQ* (par contraction, *NESTA'LYQ*), ou *nescry penché*. On y remarque une forte inclinaison, de droite à gauche, dans l'agencement des mots ; mais, en général, cette écriture est moins difficile à lire que le *nescry djery* des Arabes.

EXEMPLE DE NESCRY TA'LYQ.

ایّام پادشاهی سلطان محمّد شاه دوازده سال وچند ماه بود

eyyâm pâdichâhy sult'ân moh'ammed châh duvâzdeh sâl

u tchend mâh boûd

2° Le *TA'LYQ*, ou caractère *suspendu*, est un genre d'écriture encore plus oblique, et généralement adopté par les calligraphes persans. Il est fort élégant, et la délicatesse des traits de certaines lettres y présente un contraste sensible avec le renflement de plusieurs autres traits que l'on prolonge en les arrondissant.

EXEMPLE DE TA'LYQ.

goftâr der dzikri melikehi dôrân belqeys djihân red'yyeh sult'ân bint chems eddyn eltmich

Les Persans possèdent quatre lettres de plus que les Arabes, savoir : le پ *p*, le چ *tch*, le ژ *j*, et le گ *g*.

Il faut observer que le س *s* perd souvent ses pointes et s'écrit d'un seul trait renflé jusqu'à son appendice final. Quelquefois on met au-dessous de ce trait trois points ainsi disposés : پس.

Dans beaucoup de manuscrits, le *kef* final ou isolé se trouve ainsi figuré ک et ک, sans porter le petit signe qui ressemble au *hamzat*.

Le *hé* initial a tantôt cette forme ه, et tantôt cette autre ~, sans l'appendice inférieur ه; la forme finale de cette lettre n'est indiquée le plus souvent que par un faible trait, comme dans le mot همیشه *hemycheh*.

En général, les points diacritiques se placent assez loin des lettres auxquelles ils se rapportent, et l'on voit fréquemment, à la fin des lignes, les dernières syllabes d'un mot groupées au-dessus des premières, surtout pour les poésies encadrées, dans lesquelles les hémistiches sont séparés par deux filets verticaux.

En fait de signes orthographiques, on ne rencontre guère, dans les manuscrits persans, que le ~ *meddat* sur l'*èlif*, le ٴ *hamzat* sur le *hé* final ou isolé, et le ّ *techdyd* sur diverses consonnes.

3° Le *CHIKESTEH*, ou écriture *brisée*, est employé de préférence au *ta'lyq* chez les habitants modernes de la Perse, pour la correspondance diplomatique, commerciale ou familière. De toutes les écritures orientales, il n'en est aucune qui présente autant de difficultés aux lecteurs européens; et la connaissance du *ta'lyq* est insuffisante pour faire déchiffrer cette espèce de sténographie, qui rejette ou déplace souvent les points, et se compose de groupes de traits plus ou moins altérés par le caprice de l'écrivain.

L'exemple qui va suivre a été calqué sur une pièce authentique; il présente deux groupes dont les lignes doivent être lues de bas en haut, en commençant par celles du premier groupe.

EXEMPLE DE *CHIKESTEH*.

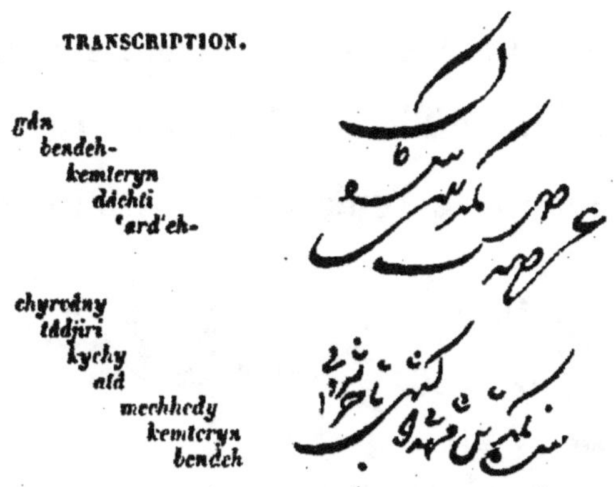

On voit qu'il n'est pas facile d'y reconnaître les mots persans que nous restituons en *ta'lyq*, d'après l'ordre naturel de la lecture :

عرضه داشت کمترین بنده کان بنده کمترین مشهد آنا کیشی تاجر شیروانی

Il importe beaucoup d'étudier le *chikesteh*, si l'on veut entretenir des relations avec les Persans, sous peine de ne pouvoir comprendre leurs réponses, qu'ils ne manqueraient pas d'adresser au moyen de ce caractère. La meilleure méthode à suivre, c'est de décomposer les groupes qui paraissent les plus difficiles, et d'écrire en regard de leurs éléments les formes correspondantes du *ta'lyq*, sous la direction d'un habile écrivain persan [1].

Voici encore un très-beau spécimen de *chikesteh*, qui, malgré sa ressemblance avec le *ta'lyq*, à première vue, n'en est pas moins difficile à lire, à cause du déplacement des points et de l'enlacement des mots :

duroûd vè teh'nyâti r'eyri meh'doûd ber peyr'emberi meh'moûd vè crelyfehi
ber h'aqq vè ves'yy mut'leq vè oulâd t'âhiryn ou bâd

CHIFFRES A L'USAGE DES PERSANS.

Les Persans emploient souvent les mêmes chiffres que les Arabes; mais ils ont encore des signes numériques particuliers, appelés *h'is'âbi ruqoumy*, ou *h'is'âbi dynârât*,

[1] La Grammaire persane de M. Alexandre Chodzko, publiée à Paris en 1852, contient divers modèles de *chikesteh* admirablement reproduits et accompagnés d'une transcription en caractères *nescry*.

c'est-à-dire « compte de dinars ». Il faut un mille de ces dinars pour un *s'âh'ib qorân*, monnaie d'argent qui vaut à peu près un franc vingt-cinq centimes.

Ces signes, usités spécialement dans les lettres de commerce, et presque inconnus en Europe, se représentent ainsi, de droite à gauche :

11	10	9	8	7	6	5	4	3	2	1

19	18	17	16	15	14	13	12

200	150	100	90	80	70	60	50	40	30	20

650	600	550	500	450	400	350	300	250

1100	1050	1000	950	900	850	800	750	700

1250	1200	1150

Pour les nombres plus élevés, il existe d'autres signes qui demanderaient des explications trop détaillées. Nous avons pensé qu'il suffisait de présenter comme spécimen une certaine quantité de signes, et de les faire suivre de quelques remarques.

1° De 12 à 19, on place les unités au-dessous et un peu à droite du signe qui représente le nombre 10, en faisant remonter le trait final des unités jusqu'à la tête du signe des dizaines.

2° Les dizaines, de 20 à 90, se forment au moyen des traits élémentaires des unités joints au trait principal du chiffre 10.

3° Les centaines s'indiquent par des signes divers, suivis de deux points que l'on supprime tout à fait dans les nombres composés de centaines et de dizaines.

4° Le signe 8 doit toujours être précédé d'un trait pour former 400; car l'omission de ce trait produirait le nombre 700. Le même signe, avec un appendice à sa partie supérieure, sert à représenter 900.

5° Le signe qui représente 1000 ne prend après lui qu'un seul point et change de forme dans les nombres composés.

DE L'ÉCRITURE TURQUE.

Les Turcs ont six genres d'écriture, savoir :

1° Le *DYVÂNY*, employé spécialement par les agents diplomatiques. Les éléments de ce caractère, empruntés au *nescry*, sont en général défigurés par l'enlacement de certaines lettres qui ne s'unissent pas ordinairement, et les points diacritiques s'y trouvent parfois mal formés.

Le *sin* initial ou médial n'offre qu'un seul trait prolongé comme dans le *ta'lyq*.

Le *noun* isolé se figure ainsi : ں , et l'espèce de crochet que l'on voit sur la gauche tient lieu du point omis dans l'intérieur de la lettre. Le *qaf* isolé porte un appendice semblable et s'écrit sans points : ڡ .

EXEMPLE DE *DYVÂNY*.

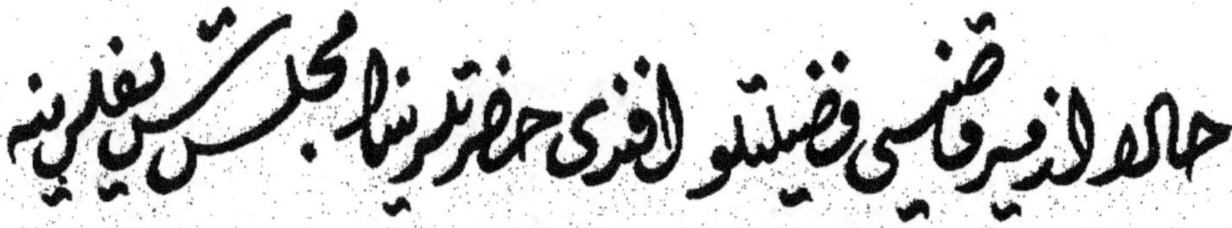

h'âlâ izmyr qâd'ysy fad'yletlu efendy h'ad'retleryniñ medjlisi cherysflerynch

2° Le *DYVÂNY NESCRYSY*. C'est une variante du précédent caractère, et la lecture en est aussi difficile :

EXEMPLE DE *DYVÂNY NESCRYSY*.

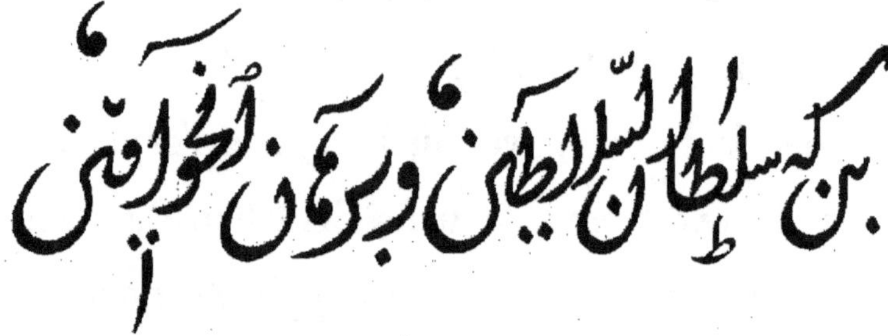

endjumeni dânichiñ crâridjy a'd'ây me'ârifpyrâsy silkineh idcrâl oloundy

3° Le *DJERY* ou *cursif*. Il s'écrit obliquement, et sert pour les brevets, les diplômes, et diverses autres pièces.

EXEMPLE DE *DJERY*.

ben kih sult'ân esselât'yn vè burhân elcravâqyn

4° Le *ROQÁ'Y* ou *RIQA'AH*, ordinairement adopté pour la correspondance particulière et les requêtes.

EXEMPLE DE *ROQÁ'Y*.

h'aqyqatlu re'âyetlu s'adâqatlu dosti vefâpeyvestem djenáblery

5° Le *qirmah*. Cette écriture, très-compacte, offre une grande ressemblance avec le *dyvâny* et le *ta'lyq*. On ne l'emploie guère que pour les registres particuliers et quelques lettres d'affaires.

6° Le *syâqah*, dont se servent les financiers, s'écrit sans points diacritiques, et chaque lettre finale est terminée par un trait horizontal, comme dans ces mots :

suleymân   *moh'ammed*   *must'afâ*   *crâlyl*   *'otsmân*   *'abd elkerym*

'aly   *'abd allah*, etc.

———

CHIFFRES *SYÂQ*.

Ces chiffres se figurent de la manière suivante :

1   2   3   4   5   6   7   8   9   10   11   12, etc.

OBSERVATION

COMMUNE AUX MANUSCRITS ARABES, PERSANS ET TURCS.

Les copistes orientaux ne numérotent point les pages des manuscrits, ce qui rend les recherches longues et fatigantes. Ils placent seulement en réclame, au bas du verso de chaque feuillet, le premier mot du feuillet suivant; mais cette précaution ne peut guère être utile qu'aux relieurs.

Malgré les tables de chapitres, qui figurent quelquefois dans les premières pages des manuscrits, et malgré l'emploi de caractères plus forts pour indiquer les diverses sections d'un ouvrage, on sent combien il serait plus avantageux de pouvoir, à l'aide de folios, trouver sur-le-champ l'endroit que l'on veut consulter, sans être réduit à parcourir souvent une grande partie du volume avant d'y rencontrer ce que l'on cherche.

Il est bien rare aussi que l'on distingue facilement, dans le corps du manuscrit, le titre réel de l'ouvrage qu'il contient; car les Orientaux le déguisent presque

toujours sous des formules peu familières aux Européens. Pour obvier à cet inconvénient, les copistes indiquent quelquefois le titre sur la tranche inférieure
des manuscrits, qui portent, pour la plupart, une re-
liure à recouvrement en forme de portefeuille, et sont
renfermés dans un étui de peau sur lequel est répété,
en gros caractères, le titre principal de l'ouvrage.

DESCRIPTION

Le calame, ou *qalem*, suivant l'orthographe arabe, est un genre de roseau que l'on trouve surtout dans les marais de H'illat, ville située sur le Tigre, entre Baghdad et Koûfat. Quand les calames sont bien taillés, on peut en faire usage assez longtemps sans y retoucher, parce qu'ils sont d'une nature ligneuse et que l'on n'a pas besoin d'appuyer sur le bec en écrivant. On choisit de préférence ceux dont la tige est d'un brun foncé et sans aucune tache.

Le *qalem-tiråch*, ou taille-calame, est une espèce de couteau, long de cinq à six centimètres et monté sur un petit manche. Il porte aussi, chez les Arabes, les noms de *mit'ouä*, *miqchat'*, *moûs* et *moubrā'*.

Pour tailler le calame, on l'appuie sur un morceau d'ivoire ou d'os, appelé *maqt'a'*, c'est-à-dire « endroit où l'on coupe. » Quand le calame est évidé, on en fend le bec (ou la *dent*, suivant les Arabes), puis on coupe le bec un peu obliquement de gauche à droite, afin que le calame, dont la partie creuse doit être appuyée contre le gras du troisième doigt, puisse former légèrement les traits qui doivent être déliés, et donner plus de force aux au'res, de droite à gauche, sans revenir sur lui-même.

Dans les écoles musulmanes, on fait ordinairement à la partie supérieure du calame une entaille au sujet de laquelle les maîtres d'écriture débitent certaines fables à leurs élèves. Cette observation nous a été faite par plusieurs Turcs que nous avons vus à Paris.

L'étui destiné au *qalem*, au *qalem-tirách* et au *maqt'a*, s'appelle *qoboúr* en arabe, et *qalemdán* en persan.

L'encre des Orientaux, appelée communément *h'ibar*, se compose de noix de galle et de charbon pilé ou de noir de fumée, que l'on macère dans une certaine quantité d'eau. Cette encre porte aussi le nom de *midád*.

L'écritoire s'appelle *mih'bar, doudyat*, ou *miqlamat*. Ce dernier terme signifie : « instrument pour le calame. »

C'est en grande partie des fabriques d'Europe que les Orientaux tirent le papier, appelé par eux *ouaraq*, ou *kár'et*, mot imité du latin *charta*.

Il n'est pas rare de rencontrer des cahiers de diverses couleurs dans les manuscrits, surtout dans ceux qui contiennent des poésies. Cette bizarrerie, jointe au luxe et à la variété des encadrements, produit à l'œil un très-bon effet.

Avant d'écrire sur le papier, on a soin de le lisser avec une coquille, appelée *muhreh*, ou avec un morceau de verre arrondi; souvent on le savonne, après cette première opération, pour le rendre encore plus coulant. Mais ce procédé, trop minutieux, empêche l'encre d'adhérer fortement au papier, et, si l'on vient à faire une tache, on court grand risque d'enlever plusieurs mots, en cherchant à la faire disparaître.

On se sert, pour régler le papier, d'un instrument appelé *mast'arat*, ou « tire-ligne ». C'est un morceau de carton sur lequel sont tendus des fils de soie. Après avoir appliqué le papier sur ces fils, il suffit de passer légèrement la main par-dessus, pour obtenir en relief des lignes régulières, que l'on efface ensuite en les refoulant.

Quelquefois les calligraphes orientaux emploient un morceau de peau garnie de poils que l'on tourne du côté du papier, afin que la main glisse plus aisément pour tracer les grandes lettres. Ce morceau de peau, chez les Turcs, est appelé *kurky* « fourrure ».

Enfin, le parchemin préparé, soit pour prendre des notes, soit pour un dessin que l'on veut ensuite effacer, s'appelle *crart'dr* en Turquie. Ce mot, qui dérive probablement du verbe arabe *crarat'* « frotter, racler, gratter », présente une grande analogie avec le mot *cartelle*, qui désigne, en France, une peau d'âne préparée pour le même usage.

En terminant cette Notice, qu'il nous soit permis de citer au lecteur, comme encouragement, ces deux vers arabes extraits du *Poëme sur l'Écriture*, composé par le célèbre calligraphe Ebn elbaououâb :

لَا تَتَّخَجَّلَنَّ مِنَ ٱلرَّدِيِّ تَخُطُّهُ

فِى أَوَّلِ ٱلتَّمْثِيلِ وَٱلتَّسْطِيرِ

فَٱلْأَمْرُ يَصْعُبُ ثُمَّ يَرْجِعُ هَيِّنًا

وَلَرُبَّ سَهْلٍ جَاءَ بَعْدَ عَسِيرِ

TRADUCTION.

Il ne faut pas rougir de vous voir inhabile
Dans l'art de l'écriture, à vos premiers essais :
Difficile d'abord, cet art devient facile,
Et souvent le travail est suivi du succès.

FIN.

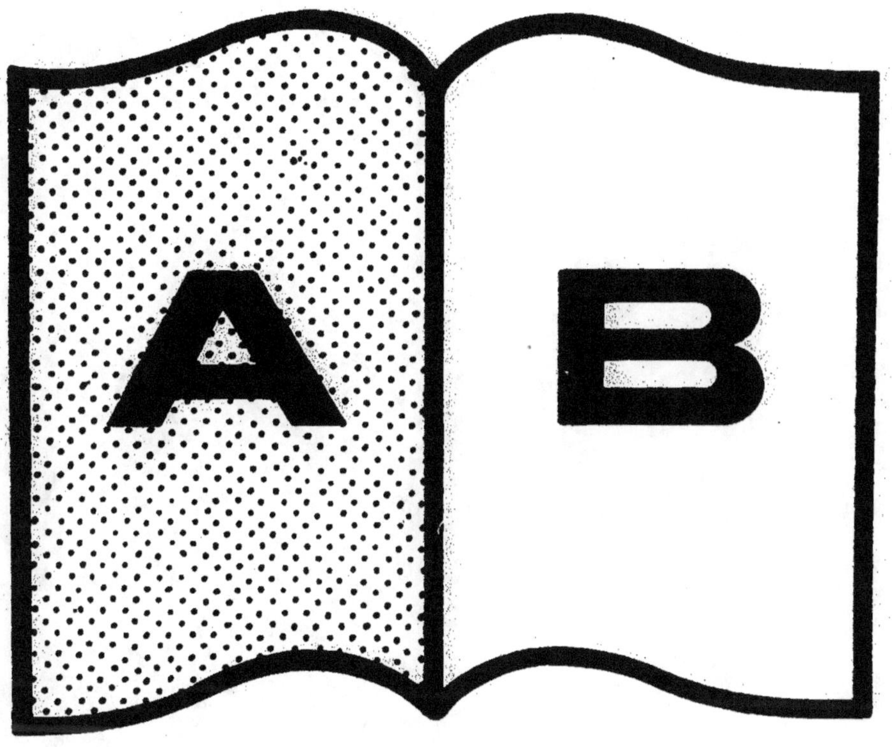

Contraste insuffisant

NF Z 43-120-14